Hans Hollweg

Die nächste Pause kommt bestimmt

Originalausgabe dieser Zusammenstellung
bereits veröffentlichter Texte.

ISBN 3-0344-0102-7

(C) 2002 Hans Hollweg
        CH-3084 Wabern bei Bern

        Herstellung:
Books on Demand (Schweiz) GmbH

Hans Hollweg

Die nächste Pause kommt bestimmt

Gereimtes
aus der Schule
und andere Verse

Schütteleien aus der Schule
****

Lehrer und Erstklässler

Er weiß, dass Frechdächs' kribbeln,
                                       katzeln,
einander gern mit Kibbeln kratzeln,
nach lautem Kabbeln kritzeln,
sich dann bei Krabbeln kitzeln.

Erstklässlers Sonntag

Nachdem das Begießen
des Pflänzchens verrichtet,
ist er noch zum Packen
des Ränzchens verpflichtet.

Pädagogin und geschwätzige Schüler

"Ihr wollt
an meinen Nerven nagen? - Tuscheln!
Vernehm'
euch schon seit Tagen nuscheln."

Rektor mahnt Eltern

Rege sollten Mutter sich und Vater rühren,
freudig ihre Kinder als Berater führen.

Privatlektion für den Neffen

Die Tant' erklärt dem Kleinen eben:
"Es blühen zahlreich Chöre, Jochen,
und Clubs, wo Ingenieure kochen,
weil Deutsche an Vereinen kleben."

Pause

Kinder hört man ein Wort stöhnen: Schule -
sind sie dort auch auf 'nem schönen Stuhle.
Mancher Schlingel fragt gern seelenvoll,
ob er nicht mal fehlen soll.

Ungeduldiger Studienrat

"Lasst die Trödeleien bleiben!
Sollt ihr Blödeleien treiben?!"

Der faulen Schüler faule Ausrede

"Wir gerieten heut in einen schlimmen
                                    Stau."
Es klangen aller Bummler Stimmen schlau.

Physiklehrer "Dickbauch"

Gar selten kam es vor,
dass er die Waage fragte –
die Furcht verlor
und tapfer jene Frage wagte.

Poesie des Deutschlehrers

Geseufzt hat kläglich Schneider Klein:
Schon wieder musst' es leider schnein.

Ach würd's doch nur mal Kleider schnein,
sinnierte dann das Schneiderlein.

Diktaterinnerung

Federn kratzten in den Heften kräftig,
Lehrer hetzten uns nach Kräften heftig.

Auswendig

Es wird das Lernen von Balladen fast
schon regelmäßig zu 'ner faden Last.

Beobachtung: "Im Restaurant"

Kellner haben in der Tat gelauscht,
als Gäste den Salat getauscht.

Beobachtung: "Lipizzaner und Pony"

Über bescheidner Begleiterin Rösschen
machte die hochmüt'ge Reiterin Glösschen.

Beschreibung: "Mein Zimmer"

Auf Glanztapete: Bärchen,
Blumenbeete, Pärchen.

Beschreibung: "Sommertage"

Urlaubsgäste lauschen rasch:
Breite Bäche rauschen lasch.

Bericht: "Job als Babysitter"

Brav verlässt auf meinen Wink die Fliege
ganz besonders flink die Wiege.

Bericht: "Haustiere"

Trat ein, erspähte unsern Pudel nicken
und meinen Sittich eine Nudel picken.

Schilderung: "Parkspaziergang"

Auf den Blüten: Tau.
Im Grase: Tüten - blau.

Schilderung: "Dorfzentrum"

Wir vernehmen hier die Linde rauschen,
müssen gar nicht an der Rinde lauschen.

Handarbeitslehrerin und Kunsterzieher

Du solltest frisch
und frohen Mutes häkeln,
kein bisschen mit Gezisch
am Farbton meines Hutes mäkeln.

Die Kunsterzieherin verkündet

Gemälde gibt's oft mit pathetischen Eichen
an stillen poetischen Teichen.

Für Kunsterzieher charakteristisch

Gar manche denken, sie sind prächt'ge
                                          Maler,
doch handelt's sich um mächt'ge Prahler.

Zeichnen – aber nicht nach der Natur

Sollen uns im Klassenzimmer rege
mit Schablonen mühen –
obwohl im Wald an jedem Wege
Anemonen blühen.

Sommerferien

Muss im Stau der Wagen halten,
wird bald Unbehagen walten.

Hitzefrei?

Dürft ihr mit dem Rade, Basen,
jetzt bereits zum Bade rasen?

Der Sportpädagoge turnt

Ich hab', weil Horst sich trimmt, gestutzt.
Der Trägheit hat er - stimmt! - getrutzt.

Keine Lösung

"Du musst rechnen,
trotz des schönen Sonnentags.
Hunderttausend Kilo:
wie viel Tonnen - sag's!"

Eifrig kratzt der Schüler
sich an seinem Kinn,
kommt bei diesem Rätsel
doch zu keinem Sinn.

Kenntnisse der Klassenleiterin

Es wurd' wohl
bei jedem Vermieten gedacht:
Wie sind
windgeschwind
Höchst-Renditen gemacht?

Manch Clown
hat die Partner artistisch gerupft:
In buntem Trikot –
humoristisch getupft.

Wer flott
sich beim Kegeln gerührt:
Recht rasch
ist derselbe nach Regeln gekürt.

Der Musikassessor meint

Gewisslich werdet ihr notorisch stöhnen,
wenn Klänge "nur" historisch tönen.

Abordnung

Sah drei Buben,
die sich brav als Boten nahten
und den Lehrer für Musik
um gute Noten baten.

Schulweisheiten

Weil Ross und Reiter sich vertragen haben,
so konnten sie voll Wohlbehagen traben.

Des Hundes schnelle Pfoten nützen,
wenn ihm im Weg nach Noten Pfützen.

Nichts machen sich aus Pflaumen Gänschen,
es reizen ihren Gaumen Pflänzchen.

Zu Frankfurt dient ein "Tassenkopf"
geheim – doch oft – als Kassentopf.

Die Nas' beim Niesen rümpfen
auch Elfen, Riesen, Nymphen.

Schulfest

Dunja durft' im neuen Blüschen feiern,
tanzte, bis die Füßchen bleiern.

Schulfest und Tombolagewinn

Nach Hause wollen wir samt Torte eilen
und sie an diesem Orte teilen.

Reisebericht der Oberstudiendirektorin

Mit Honig war's Hotel erregend geizend,
jedoch die ganze Gegend reizend.

Oberstudiendirektor mit Beziehungen

Im Amt, obwohl's für ihn nie Logik gibt
und er kein bisschen Pädagogik liebt.

Anstrengender Unterricht

Auf Schüler prasseln Qualen,
wenn Lehrer quasseln, prahlen.

In der Handelsschule

Mit allen Fingern,
aber nie mit nassen, tippen!
Und nicht
an eurer Altkollegen Tassen nippen!

Stimmwechsel und Korrespondenz

"Müssen uns jetzt wegen
vieler Briefe tummeln",
hören Eltern ihre regen
Söhn' in Bassestiefe brummeln.

Im Biologieunterricht geträumt

Aus einer Burg sah ich
'ne kesse Saftzitrone rennen -
und die Freifrau sich
von ihrem Herrn Barone trennen.

Schülerfragen über Rosenöl

Wer hat als erster die Blume gerieben?
Und was ist vom Ruhme geblieben?

Zooge im Kuhstall

Hier fliegen ums Gebälke Mücken!
Ich muss mich, wenn ich melke, bücken!?!

Zoologie

Ihr könnt, falls ihr darauf erpicht,
mit hunderttausend Hasen wetten:
Sie pflückten Blümlein nicht,
auch wenn sie Vasen hätten.

Mut zur Lücke

Geographisch int'ressierte Tanten lärmen:
"Wieder fehlen in den Schulatlanten
                                          Thermen!"

Strafpredigt

Ausgeschimpft hat Lehrer Beiß
der Stänker zehn. -
Wollen wir mit Fleiß
zu solchem Zänker stehn?

Ausflug oder Rolf und Freundin gehen vor

Vonnöten ist auf Brücken Mut,
gibt's dort 'ne miese Mückenbrut.
Durch Sonne haben wir dazu im Rücken Glut.
Wird forsches Schreiten glücken, Ruth?

Du könntest mich voll Toleranz begleiten -
mir auch 'nen Heimweg ohne Glanz bereiten.

Der Klassenlehrer und sein Imitator

Eine Frechheit ist's, was Sie gewagt!
Eine Frechheit ist es, wie gesagt!

Unterrichtsgespräche

"Was wollten wir
betreffs Salat betonen?"
"Die Küchenhilfe
muss man in der Tat belohnen."

"Aus welchem Grunde
knurrt der Magen nachts?"
"Allein
das Nägelnagen macht's."

"Wieso ist es,
obzwar der Sommer ältlich, heiß?"
"Weil rundherum
erhältlich - - Eis."

"Wann zählen Leut'
zum besten Interpretenkreis?"
"Wenn niemand ahnet
ihren sehr diskreten Preis."

"Weswegen darf man Thermen loben?"
"Dort herrscht kein Lärmen, Toben."

"Berichte über Rehe, Inge!"
"Sie tragen selten Eheringe."

Erkenntnis einiger Abiturienten

Mit Leuten, egoistisch-dumm,
geh' fix man parodistisch um.

Erkenntnis einiger Abiturientinnen

Was Männer klar noch heute brauchen:
Dass hold ihr Jawort Bräute hauchen.

Sinniert und formuliert
****

Amateurtheater

Nach der Heirat sollt' man Männer
im Vertrauen fragen:
Wolltet einst ihr nicht auf Händen
eure Frauen tragen?

Anhänglich

Beständ'ge scheue Träume:
erstaunlich treue Schäume.

Ansporn

Beim Werkeln mit Lachen gesungen –
und schnell sind die Sachen gelungen.

Beeinträchtigt

Würd' sich die Erregung legen,
könnt' sich Überlegung regen.

Bürgerpflichten

Jeder wird mir in der Tat bestätigen:
Alle müssen sich im Staat betätigen.

Cholerisch

Kein Mitarbeiter wird's für witzig halten,
wenn Bosse ihres Amtes hitzig walten.

Denkarbeit

Hat je ein Mensch
die Faulen fix beginnen sehn?
Erst müssen sie zur Ruh'
- zum Sichbesinnen - gehn.

Eingeschnappt

Fix gekränkter Leut' Vergrätztsein lähmt,
ihr beharrlich Sehr-Verletztsein grämt.

Empfehlungen

Seien Sie ständig aufs Neue bescheiden,
lassen Sie auch das ganz scheue Beneiden.

Empfindsamkeitstraining

Die Selbsterfahrungsgruppe
gibt gemeinsam Acht,
will wissen,
welch Verhalten einsam macht.

Erholsam

Eine Prise Schlummer nimm,
ist 'ne Fernsehnummer schlimm.

Erquickung

Gerne hat sich nach der Hast gelabt,
wer mit eil'ger Arbeit Last gehabt.

Firmament

Der Wolken
endlos Wandern übe zu betrachten
und den Himmel,
wenn auch trübe, zu beachten.

Käuflich

Wer seine Stell' für Schmu benutzt,
hat sich die Händ' im Nu beschmutzt.

Leistungssport

Es braucht nur für *eine* Beschäftigung Kraft,
wer stets an der eigenen Kräftigung schafft.
Und selten noch hat mit Verweigern gestöhnt,
wer längst an beständig Sichsteigern gewöhnt.

Mai

Im Lenz sich in der Sonne wiegen:
Gefühle heitrer Wonne siegen.

Masse

Des öftern sind wir einsam in der Menge
und doch gemeinsam in der Enge.

Meteorologie

Wenn Wolken
zu unsrer Verbitterung wässern,
fragt jeder:
"Wann wird sich die Witterung bessern?"

Normal

Was Eltern mal begreifen sollen?
Dass Kinder, sehn sie Seifen, grollen.

November

An Tagen - nassen, miesen -
müssen Massen niesen.

Psychologen

Bei vielen ist Erkenntnis stark
und dennoch das Verständnis karg.

Ruhe

Jedem müsste heftig dämmern:
Nachts darf niemand deftig hämmern.

Schreibtischarbeit

Literarische Plackerei –
exemplarische Rackerei?

Standhaft

Verdruss entfesseln meist perfide Lügen.
Der Wahrheit muss man sich solide fügen!

Straßentheater

Bieten Leute auf der Gasse Kunst,
zeigen Bürger an der Kasse Gunst,
spenden Gauklern, die bengalisch etwas
                                    können
oder unserm Staate musikalisch etwas
                                    gönnen.

Verzicht

Jeden Klugen leit' das Motto:
Meid das Lotto!

Vorlaut

Kann das "Nehmen auf die Schippe" lohnen?
Oder sollt' der Mensch die Lippe schonen?

Widerliches

Habgier, Ichsucht, Lüge, Neid
bewirken zur Genüge Leid.

Yucca

Oft sind Pflanzen für Familien
                    unerlässlich,
manche lieben Lilien unermesslich.

Zaudernde

Beschließen Sie zur rechten Zeit das Wagen,
es führt mitnichten weit das Zagen.

Aus dem Zylinder gezaubert

Rüttelreime und -gedichtchen

Einer von vielen

Bei Nacht
des Pförtners laut Geprahl':
"'ne Pracht
ist unser Personal!"

Fata Morgana?

Adler tanzten Reigen –
Radler fanden's eigen.

Heimlich auf Flohmärkten

Er huscht durchs Land nach Tand,
vertuscht dies - allerhand!

Hervorragende Papiere

Meine Referenzen: unvergleichlich!
Alle glänzen fraglos reichlich.

Kontra

Es geht im Urlaubsort um Regen?
Beredt ist jeder Gast dagegen.

Konzertereignis

Brillant
spielt's berühmte Quartett,
die Tant'
kauft sich flugs ein Billett.

Phon

Gedröhne
gibt's in Discos irgendwann.
Gewöhne
dich allmählich dran!

Regnerischer Sommerabend in Paris

Die Linden
sind jetzt stark befeuchtet -
wir finden
schwach den Park beleuchtet.

Unsre Diagnosen
folgen unverzüglich:
Für Franzosen
wird das Leben nun vergnüglich.

Vertrauen
will da jede Schöne ihrem "Boy"
und bauen
stets auf seine Treu.

Reinigungsmänner

Der Lektor putzt das Rad,
der Rektor den Salat.

Reitwege

Ein Pferd besitzt das Mädchen,
vermehrt benutzt es Pfädchen.

Schnuppernase

Gerochen
hat's Hündchen an wertvollen Krügen,
verkrochen
sich nach meinen baldigen Rügen.

Schwaches Programm

Tingeln wir auch kläglich -
klingeln muss die Kasse täglich.

Sparsame Hausfrau in Boutique

Gefragt
hat die Kundin nach billigen Hemden.
Behagt
hat's ihr sehr zu der Chefin Befremden.

Wanderfreundin

Figuren
malt Franziska dilettantisch,
doch Touren
schafft sie, die gigantisch.

Winterferien

Packe in den Koffer jede
Jacke stante pede.

**Rüttelreime und -gedichte
sind Reimereien
mit geschüttelten Elementen.**

Geschütteltes Mosaik
****

Stehkragen

Was einst an Hemden freute,
erzeugt Befremden heute.

Wilhelminischer Wandteppich

Gesprochen hat das Mädchen forsch:
"Da sind ja alle Fädchen morsch!"

Altmodisches Deutsch

Ein Blatt des Pflänzchens frug:
"Verschont mich Fränzchens Pflug?"

Poetische Wohngemeinschaft

Es müssen sich die Reimer ein'gen:
Wer denn soll sich feste regen,
aus der Küch' die Abfallreste fegen
und den Kehrichteimer rein'gen?

Zweierlei Erholung

Der schwere Reeder fastet,
des Dichters Feder rastet.

Statisten

Regisseure können aus dem Vollen rügen:
"Müsstet euch in eure Rollen fügen."

Prominenter Gast auf einer Hallig

Was unser Postillion im letzten Jahr
durch steife Brisen rief?
"Ich hab' für Sie, den Bühnenstar,
so manchen Riesenbrief!"

Schneider von auswärts

Durch Schnee
muss ich nun auf die Schnelle tippeln,
fürs Varieté
gewitzt 'ne Glitzerbagatelle schnippeln.

Kurorchester

Fritz hat in Freiluftkonzerten gegeigt,
sein Können in blühenden Gärten gezeigt.

Knabbern beim Fernsehen

Klar erkennen müssen Nager:
Niemand wird von Nüssen mager.

Schaumbadwerbung

In einem - notabene - Laden
durfte einst Helene baden,
nahm ein Bädchen mild.
Bezaubernd schönes Mädchenbild!

Avantgardistin

Ob du die Mode trotzig prägst -
mit allem, was du protzig trägst?

Unsicher

Sollt' man einem Scheuen trauen,
der brillant im treuen Schauen?

Morgenmuffel

Er lässt mit viel Gemecker wissen:
"Nie würd' ich den Wecker missen."

Kusine als Kritikerin

Sämtliches, was sie die Mäklerin heißt:
Freudig erledigt's die Häklerin meist.

Brief vom Finanzamt

Wollen Sie Geschäfte - schräge - treiben?!
Und in Ihre Hefte Schmubeträge schreiben!?

Bodenschätze

Abenteurer sind zur Morgenschicht
                            geschlürft,
  haben Gold in Jeans, die schlicht,
                            geschürft.

Kein Trinkgeld

Es wurde 'nem Kellner recht Peinliches
                                                            klar:
Bedient hatte er ein höchst kleinliches
                                                            Paar.

Nahendes Gewitter

Wir mussten uns einst wacker eilen,
zwecks flinker Ernte auf dem Acker weilen.

Gartenarbeit vor Regenschauer

Wie oft lässt sich der Träge sagen:
Ins Trockne jede Säge tragen!

Erstaunt

Gärtner brauchen hundert Vasen,
dies verwundert Hasen.

Gartenfest

Es waren unsre letzten Gäste Raben,
denen wir die Reste gaben.

Rivalinnen?

Den Gast verwöhnt die Hirtin –
und verhöhnt die Wirtin.

Bäcker und Musikerin oder Rollentausch

Er trommelt, schrecklich bummelnd, Takt,
indessen sie - sich tummelnd - backt.

Zänkische Ehefrauen, reiselustige Männer

Wer stört sich so an wessen Grollen,
dass sie beständig zu Kongressen wollen?

Herrchen und Hündchen

Behutsam zeichne ich mit Tusche hier.
Durchs Zimmer nun nicht husche, Tier.

Die Katzenmutter mahnt

Keine Mätzchen,
meine Kätzchen!

Profiteur und Briefmarken

Ich möcht' - bitte lauschen - betonen:
Man muss mich beim Tauschen belohnen.

Park und Publikum

Bin hier, wo ich mit Wonne sitze,
erzähle in der Sonne Witze.

Geschwindigkeit und Lärm

Jene Boote, jene roten, knattern.
Ob dieselben viele Knoten rattern?

Volksfest und Verkäufer

Mit Zuckerwatte handeln wir,
derweil die Leute wandeln hier.

Frühlingsgefühle

Wem kalte Tage Schmerzen machten,
den sieht man nach dem Märzen schmachten.
Und Amor ist in allen Lenzen groß,
die ganze Welt liebt grenzenlos.

Lob

Zu äußern nur eins der Matrose vermag:
"Mir passt der erhaltne famose Vertrag."

Tochter des Kapitäns heiratet

Von nun an wohne, Ellen,
beständig ohne Wellen.

Lange Leitung, kurze Rede

Was der Vater telefonisch rügt:
"Sei doch nicht so kleinlich, Rainer!"
Was hinzu er dann ironisch fügt:
"Aber reinlich, Kleiner!"

Reimereien aus der Schule
****

Gesang der Erstklässler

Landwirte waren in Kärnten ganz Öhrchen,
hörten zufrieden beim Ernten das Chörchen.

Anfängers Sommerferien

Verreist du nun, Fränzchen?
Befreist dich vom Ränzchen
mit leuchtenden Kringeln? -
Wie hübsch sie zu Kränzchen
possierlich sich ringeln!

Saure Wochen - frohes Wandern

Dialoge
sind mit Schülern oft vergebens,
"Pädagoge"
freut sich unterwegs des Lebens.

"Ja fein",
sinniert er neben einer alten Dorflaterne,
"Latein
liegt endlich wochenlang in weiter Ferne."

Vor Glück kann er sich kaum
noch konzentrieren,
es ist ein Traum,
jetzt Briefe richtig zu frankieren.

Sein Hund hat mehrfach - wau! - gebellt:
"Für mich bleibt doch mein Bau die Welt."

Naturkundestunde

Wo vernimmt man stets der Frösche Quaken
abends hallen?
Welchen Nachteil - oder Haken -
zeigen Quallen?

Krächzen Raben furchtbar laut,
lechzen sie dann wohl nach Kraut?

Treiben über prächt'ger Albatrosse
stolze Posen
manche äußerst kesse Posse
die Matrosen?

Poesie der Biologin

Zu den Anemonen
flogen heiter
summend Bienen,
zogen weiter
- ernst die Mienen -
Richtung Bohnen.

Reimerei des Geographielehrers

Worte, die ich euch nun sagen muss:
Zweifelsohne oberflächlich
plätschert jener Fluss
gemütlich und gemächlich.

Studienrat und Wandertag

"Zeit ist knapp, ihr Tröpfe!
Jacke an und zu trapp, trapp die Knöpfe!!"

Später muss der Jugend Hast er rügen
und um seinetwillen eine Rast verfügen.

Turnlehrerin über die Bundesliga

Gute Ränge
unermüdlich zu belegen:
Ach gelänge
dies den Spielern auch bei Regen!

Nach dem Schwimmunterricht

"Muss, Herr Sportgebieter,
Ihnen leider klagen:
Nässe gab es einen Liter –
dort, wo meine Kleider lagen."

Erkenntnis des Turnlehrers

Was als Reiter du vermehrt empfindest:
Flink trainiert das Pferd zumindest.

Mimosenhafter Sportpädagoge

Für Wirbel hat dem "Riesen"
gleich genügt,
wenn wir sein lautes Niesen
leis gerügt.

Anstandsunterricht

Ihr solltet, Kavalierchen, dies kapieren:
Man darf Papierchen nie "verlieren".

Diskussion in der Fachschule

Pracht der Blumen: malerisch.
Macht sie Gärtner prahlerisch?

Die Kochlehrerin mahnt

Glänzen können weiße Fliesen –
rührig sei's mit Fleiß bewiesen.

Bursche fragt Berufsschullehrer

"Wie streicht man talentiert Laternen?
Möcht', was patentiert, ja lernen."

Schauspielschüler(innen)

Hinter, vor und in Kulissen
die Souffleusen:
Textprobleme wissen stets beflissen
sie zu lösen.

Alles, was wir hier parlieren, fließt,
wenn jemand zum Soufflieren liest.

Ballettlehrerin und Musikstudent

"So tanzen Sie?! - Es ist blamabel!"
"Romanzen aber sing' ich diskutabel."

Adelstitel als Spitzname

Beständig sah ein Lehrer, der "Marquis",
mich Musensohn als kolossalen Tropf,
denn immer fehlten mir für Symmetrie
Gefühl und Kopf.

Hausaufgabe

Gezeichnet hatte ich im Busse
ein Quadrat,
was Pädagogin Pauk mir zum Verdrusse
sich verbat.

In Riesenkeifton
- diesen kenn' ich,
mag ihn nicht für einen Pfennig -
zankte sie: "Zudem hast du gepfuscht!"

Bei solchem Pfeifton
wird gekuscht!

Idee im Chemiesaal

Würde doch mein Wunsch von dir,
oh Herbst, erfüllt:
Es sei nun endlich mir,
auf welche Art du färbst, enthüllt.

Vorurteil eines Studiendirektors

Kennen gelernt hab' ich neulich 'ne Frau,
die logisch gedacht und erfreulich genau.

Klatsch im Lehrerzimmer

Versagen
wird Kollege T. sich nie das Träumen.
Ertragen
kann man keinesfalls sein Säumen.

Schulorchester

Großes Lob
und einen Preis
für eure Prob',
sofern sie leis.

Schulkonzert

Grausen
bereitete mir die Trompet',
Pausen
ersehnte ich deshalb diskret.

Klavierlehrerin und fauler Schützling

Er macht,
um die Frau zu belasten, Getöse –
auf dass
sie ihn fix von den Tasten erlöse.

Schulfest

Ballsaalglanz ist voller Tücken!

Alle Schlingel
waren mit Parfum betupft.
Ins Getingel
sind die Burschen stolz geschlupft.

Wird ihr Tanz wohl halbwegs glücken?

Aufsatzthemen

Besitzen Hirten hundert Wagen:
Bereitet's Wirten Unbehagen?

Werden durch Gebell-Getöse
Menschen im Hotel schnell böse?

Waren Huhn und Hahn empört,
als sie vom Ei aus Marzipan gehört?

Freute sich auch jeder Papageienmann,
wenn wieder mal ein Mai begann?

Redaktion der Schülerzeitung

Beschlossen
haben wir das Motto unsrer nächsten Nummer,
genossen
dann daheim beizeiten süßen Schlummer.

Der Radfahrer und die Deutschlehrerin

"Wie gerne du's Ventil versteckst!
Hat genügend Stil der Text?"

Deutschlehrerin und Konjunktiv

Helene würde täglich mehr
die starken Verben hegen,
befände sie sich nicht so sehr
auf äußerst herben Wegen.

Bericht: "Mein schönstes Ferienerlebnis"

Knechte haben ungefragt
"Heu ist teuer!"
keck gescholten,
als der Bauer und die Magd
in der Scheuer
tüchtig tollten.

Bericht: "Schulfreier Samstag"

Ich pflanzt' am Pfade einen Busch,
tat dann im Bade meinen Pfusch.

Bildbeschreibung: "Schnee am Meer"

Flocken kommen weiß geflogen,
zieren voller Fleiß die Wogen.

Stimmungsbild: "Nach erfrischendem Regen"

Durch Pfützchen
ritt der Diplomat,
verlor sein Mützchen
auf dem Pfad.

Stimmungsbild: "Wenn das Barometer fällt"

Winde, die tosen, sie rupfen
auch stolzeste Rosen mit Tupfen.

Schilderung: "Ostern"

Wir überraschten sieben Hasen;
sie haschten sich im Rasen.

Schilderung: "Traum des Großstädters"

Wohnen will ich auf 'nem Berg,
Bohnen pflanzen sei mein Werk.

Erörterung: "Zucker und Pfeffer"

Die hohen Lottoquoten: angenehm.
Doch drohen Zeugnisnoten: wann bequem?

Erörterung: "Gold"

Gebührlich
ist Schmuck aus dem edlen Metall
natürlich
allein auf gigantischem Ball.

Beobachtung: "Ein alter Mann"

Behutsam wurden Hyazinthen
gepflegt vom Rentner leise.
Dann gönnte er Korinthen
sich fast schon zentnerweise.

Charakteristik: "Optimisten"

Geiz'ge solche flüstern willig
- und frohen Mutes offenbar -,
dass immer äußerst billig
jedes Hoffen war.

Charakteristik: "Der Satiriker"

Glossen
schreibt er über manche Diskrepanz,
Possen
obendrein voll Spott und Glanz.

Typisch?

"Prima" - lässt Studienrat Heiner
                              ertönen.
Er will seine schwachen Lateiner
                             verhöhnen.

Dialoge mit Oberstudienräten

"Was wohl produziert die Presse jede
                                Nacht?"
"Hauptsächlich Raffinesse, selten
                                Pracht."

"Zitronen -
kannst du, Käthe, manches drüber sagen?"
"Von Personen
werden aus Geschäften sie getragen."

"Welche Tatsach' ist 'nem Reh bald klar?"
"Dass Vierblattklee halt rar."

Kunsterzieher unter sich

Wir erwarben,
Herr Gefährte,
hier die Farben,
höchst bewährte.

Lyrik der Kunsterzieherin

Antike Werke
- zum Betören sie ja stehn -
dürften dank der Ausdrucksstärke
keinen stören in Athen.

Streber

Aufgesagt hat Jochen stante pede
Kunstepochen - kannte jede.

Der zukünftige Kapitän sinniert

Wenn Seeleute prächtig
den Frachter betreuen -
wird dies wohl
an Bord den Betrachter erfreuen?

Matrosengesichter, durch Bärte verhangen,
bekunden sie ausnahmslos Härte zum Bangen?

Die Ehrgeizige und ihr Primaner

Melodisch sagt sie unter zwei Laternen:
"Methodisch lernen!
Muss Fleiß ich dir gebieten neu?
Gehörst du zu den Nieten, Boy?!"

Lehrer(innen) verkünden

Für Maler war schon oft das Reisen wichtig
und - wie Bilder klar beweisen - richtig.
Sind junge Musensöhn' zu alten g'worden,
regnet's Ruhm - und sie verwalten Orden.

Auf diesem Scherenschnitte: eine Quecke,
ein Baum samt Quitte, keine Schnecke. -
Gestaltet man 'ne Plastik drastisch,
ist die Drastik plastisch.

Besessen haben allerhand Textilien
Komtessen unter andern Utensilien. -
Gern verkaufen Tändler Zauberhütchen.

Stets benutzen Händler saubre Tütchen.
Wo im Zimmer Wände enden,
muss man sich am Ende wenden.

Ein Senator reiste zum Äquator
****

Wunsch

Schwirren auch im Abendsonnenglanze
hundert Mücken,
könnte dennoch diese Parkromanze
uns beglücken.

Und Eva?

"Adam war im Paradiese Debutant",
schrieb in seiner Expertise ein Pedant.

Städter auf dem Land

Bauernpärchen - Mann und Frau:
Wie gerne ich vor beide träte
und um Auskunft, die genau,
bezüglich Brotgetreide bäte.

Hausmeister und Spielwiese

Bewohner muss er stets in Phasen
regelmäßig richtig rügen:
"Auf den jungen zarten Rasen
darf man sich noch nicht verfügen."

Angeber und Akkordeon

Dilettantisch spielt der Bräutigam,
höchst gigantisch trotzdem sein Tamtam.

Ausgleich

Wie fad das Büro!
Mein Rad: comme il faut.

Für bequemere Arbeit

Wenn der Chef doch jetzt den Raum beträte!
Brächte er doch beste Traumgeräte!

Walzer oder moderne Rhythmen?

Du liebst es, Eleganz zu tarnen,
kannst Männer doch beim Tanz umgarnen.

Tee mit Zitrone

Wir haben
am heutigen Freitag gemischt,
was morgen,
dem festlichen Maitag, erfrischt.

Bürste, Schere usw.

Trage, Friseuse,
stets saubre Textilien,
vermeide Getöse
mit Kämmutensilien!

Bekanntmachung des Vermieters

Im Haus wird's in Bälde
beträchtlich rumoren.
Der Spengler - ich melde -
beginnt dann zu bohren.

Gewinnerin

Klara spielte ungeschoren
emsig Karten mit Verständnis.

"Wieder haben wir verloren!"
Männer starrten beim Bekenntnis.

Neuling

Die Leserschar erschreckst du, Till,
da dieser Werbetext zu schrill.

Serenade im Mondenschein

Nach Liebesworten - vielen zarten -
hat der Jüngling süß gegeigt
und seiner Holden so im Garten
musisch Sympathie gezeigt.

Sardinien

Ich hatte in Mailand 'ne Ahnung,
es gibt auf dem Eiland 'ne Mahnung:
Ach lauf eine Meile mitunter!
Sei hurtig - beeile dich munter!

Erhoffte Erfrischung

Von Mandarinen
- schöner, reifer -
voll so mancher Ast!

Im Grase unter ihnen
machen wir mit Eifer
eine Rast.

Kellner(in) und Gast

Naht
ein Mann,
der prominent,
um sich mal zu erquicken:
Adäquat
ist dann
und konsequent
ein freundlich-nettes Nicken.

Ersatz

Morgens fastet Max, das Mittagsmahl
                          indessen
ist feudal bemessen.

Gartenfest, Tango und Dornen

Eine Rose will ich für Luise
vor dem Tanzen pflücken,
aber leider zeigen diese
stolzen Pflanzen Tücken.

Hochzeit und Feier in der Firma

Meine Schöne, die ich liebe:
Gestern wurden wir getraut.
Deshalb ist es im Betriebe
heute ohne Zweifel laut.

Bitterböse war der Wächter,
hat die Party flugs verpetzt.
Aufgeregt ist gleich der Pächter
schleunigst ins Büro gewetzt.

Wer?

Unsäglich
will durch Schönheit sie betören,
eilt drum täglich
hurtig zu Frisören.

Im Schlafwagen vom Wettkampf nach Hause

Die eingemummten Schwimmer-Brüder
summten, brummten immer müder.

Menü auf dem Luxusschiff

Es war für den Senator adäquat:
Er hat sich dem Äquator satt genaht.

Keine Hochzeitsreise

Gedacht haben Singles ganz matt,
als sie heut Venedig verließen:
Kein Mensch kann die Stadt
vereinsamt und ledig genießen.

Ungeduldige Partner

Habe halt erst angefangen,
Skat zu lernen,
kann mich auf Verlangen
aber flugs entfernen.

Des Schuhmachers Seufzer

Gehöhlt wird jeder Stein
vom steten Tropfen.

Löcher muss ich, die von Groß und Klein
in ihre Sohl' getreten, stopfen.

Respekt

Die Tante sagt laut: "Dies Projekt -
brillante Idee, Neffe Chefarchitekt."

Abgeblitzter Aufschneider

Dass ich - berühmt, charmant, Tenor -
mit meinem Glanzorgane prahl':
Es war dem Riesenopernchor
und auch Frau Starsopran egal.

Futter?

Vögel - wenn sie Quark gern picken -
dürfen sich bei mir im Park erquicken.

Feinmechaniker

Ihr müsst euch mächtig konzentrieren -
und obendrein fast täglich.
Der Zahltag aber macht's Hantieren
im Ganzen recht erträglich.

Aus der Schule berichtet
****
und kritisch gedichtet
****

Pädagoge zum Broterwerb

Mancher, der Kinder belehrt,
hat mürrisch ihr Wissen vermehrt.

Nachdenklich

Erstklässler fragen geschwind:
"Woher weht so hurtig der Wind?"

Das Antworten fällt dem Herrn Lehrer
in jedwedem Schuljahre schwerer.

Dickes Fell

Bei keinem Konflikt
ist "Frechdachs" geknickt.

So kann es passieren,
dass pampig er blickt,
wenn Lehrer ihn strafend fixieren.

Dumm und brav

In gutem Betragen
ist Benno beschlagen - -
doch muss man sich versagen,
ihn etwas je zu fragen.

Grundschule

Den Kleinen wird baldigst erkenntlich:
Nicht alles ist ihnen verständlich.

Tarife

Jede Lektion
bringt Schulmeistern Lohn.

Langsame Lehrerin

Weiter kommt sie nicht im Text,
die Ungeduld der Schüler wächst.

Ehrgeiziger Lehrer

Ist denn wohl ein Neunmalklug
mit Gedankenhöhenflug
für *Ihre* Klasse gut genug?

Abfallprodukt

Für Lernende gab's eine Fibel,
die Rechtschreibung äußerst flexibel.
  Fehler weit und breit
    auf jeder Seit'!
Solch Schlendrian: schwerlich plausibel!

Unterrichtsvorbereitung

Lernen müsstest du zuerst,
wie du spürbar besser lehrst
und nicht den Stoff erschwerst.

Schulrabauke

Überspannt hat beim Schelten
den Bogen der "Bär".
Nicht selten
sind selbst Pädagogen vulgär.

Mentor mahnt Junglehrer

"Sucht ihr an der Themse,
Strolche, Bremen?" - -
"Werter Geograph, ich bremse
solche Themen."

Quiz im Gymnasium

Großes Rätselraten:
Wann gab's wo Dukaten?

Auskunft hat der Lehrer dann begehrt:
Ein Batzen hatte welchen Wert?

Pädagoge ohne Pädagogik

Der stolze Studienrat,
den eine Gruppe brav um Hilfe bat,
hat frech die Jugend angepfiffen
und sich sehr im Ton vergriffen.

So lernt Nachwuchs nie mit Lust!
Hat's der Lehrer nicht gewusst?

Diagnose

Das Aufsatzschreiben liegt im Argen,
obwohl's die Schüler lang verbargen.

Ihr Stil ist furchtbar schlecht,
der junge Germanist hat Recht.

Bald gibt's Zeugnisse

An der Lehrkraft Lippen hängt,
wer von Wissensdurst bedrängt.

Studienrat für Mathematik und Turnen

Er denkt, es tue Drastik Not,
sobald er mit Gymnastik droht - -
will sämtliche Schüler fanatisch
                              verdrießen
und kann sein Verhalten quadratisch
                              genießen.

Oberstudienrat

Auf seiner Fahne
steht "Schikane".

Altphilologe Dr. Müller tut kund

Keineswegs seid dumm ihr doch,
wie ständig aus ihr seht,
hingegen viel, viel dümmer noch -
in toto fest das steht.

Ihr lernt Latein ganz sicher nie,
weit lieber lauft ihr ja auch Ski.

Es bleibe vom Gymnasium weg,
wer ungern turnt am geist'gen Reck.

Pädagoge mit Spott

"Schreibe - und zwar schnell -
an die Tafel, was du bist",
flötet Dr. L.,
falls 'ne Null die Lösung ist.

Pädagoge ohne Humor

Vor Klassen sollt' der Miesepeter
nicht mal nur als Stellvertreter.

Proviant

Was des Berufsschülers Mäppchen verheißt?
Drinnen hat herrliche Häppchen er meist.

Korrektur statt Auskunft

"Wie heißen die Entdecker
von Armbanduhr und Wecker?"

"Man sagt 'Erfinder'", lässt Herr Becker
ertönen unwirsch sein Gemecker.

Lehrerkonferenz

Jeder spricht, doch in der Tat:
Keiner weiß halt Rat.

Abschluss

Lange ist der Schulzeit Ende
weit entfernt - dann kommt's behände.

Literarisches Risiko
****

Bescheidene Erkundigung

Erste Versuche,
Haiku betreffend und mich.
Sind alle missglückt?

Störung?

Des Frühlings Stimmen
klingen lieblich fern und nah -
Raben krächzen dumpf.

Kräftig

Sommernachmittag:
Krähen sieht ein großer Hahn,
kräht zum Gruße laut.

Begutachtung

Die Ernte beginnt.
Kolkraben schauen aufs Feld –
von oben herab.

Klirrende Kälte

Elstern und Dohlen
sehn sich in glänzendem Eis,
vergessen den Frost.

Loblied

Ein weißer Rabe
sitzt auf schneebedecktem Ast
und krächzt zufrieden.

Kontrast

Grauer Wintertag.
Grün und neu das Telefon.
Niemand ruft mich an.

Aufwand

Telefonieren
kostet jetzt weniger Geld,
doch dafür mehr Zeit.

Enttäuschte Hoffnung

Ich wart' auf Anruf.
Aber stumm steht's Telefon
vor meiner Nase.

Persönlichkeiten

Das Telefonbuch:
Dicker wird's von Jahr zu Jahr,
jeder will hinein.

Sonderling

Handys überall!
Wer - wie ich - noch keines hat,
gilt als nicht normal.

Süden

Gespräch aus Hawaii:
Ein Gruß an kaltem Tage -
auch vom Sonnenschein.

Verklärt

Erinnerungen
enden häufig mit dem Satz:
"Das waren Zeiten!"

Alte Filme

In memoriam:
Heut im Fernsehn einst'ge Stars -
man entsinnt sich gern.

Schwierigkeiten

Ungewollt zurück
kehrt manch Erinnerung oft –
quält dann Kopf und Herz.

Möglichkeit

Schnell vergeht die Zeit.
Erinnerungen bleiben,
spenden Trost in Not.

Vor kurzem

Herbstlich, garstig, kalt!
Der wunderschöne Sommer
ist Erinnerung.

Tempus fugit

Reminiszenzen
an frohe Ereignisse -
leuchten hier und jetzt.

Nachdenkliches Zwischenspiel
****

Am Fenster

Ein garstig Gewitter im Mai
lässt Stürme des Sommers erahnen.
Verwirrende Winde, sie mahnen:
Wie bald ist der Frühling vorbei!

Verregnete Tage im Mai
erinnern schon ununterbrochen
an trostlose herbstliche Wochen.
Wie rasch ist das Blühen vorbei!

Rentnerin im Pflegeheim

Mein einziger Freund ist der Tod.
Ich fühl' mich von ihm nicht bedroht,
hab' unterbewusst stets im Sinn,
dass ich nur befristet hier lebe und bin.

Vergehn werden Bitterkeit, Not,
Bedrängnis und sämtliche Plagen.
Mein Ende gewährt mir des Freiseins Beginn!
Der Abschied für immer bedeutet Gewinn.

War früher gar oft am Verzagen -
doch nun kommt allmählich die Zeit,
das Sterben erlöst mich vom Leid.

So denk' ich an schwierigen Tagen:
Gebrechliches Wesen, im Grab findest du
die lange ersehnte - die ewige Ruh'.

Enttäuschung

Vor kurzem gab's im Walde Zwist:
Ein Kuckuck, eine Elster hatten Streit,
den sicher nun kein Tier vergisst.
Bestürzung herrschte weit und breit.

Der Kuckuck rief in alle Welt hinaus:
"Wie peinlich, wenn im ganzen Land
als diebisch jemand längst bekannt!
Verachten muss dich, wer gescheit,
empörend bleibt stets deine Schand'!"

Streng schimpfte ihn die Elster aus:
"Zu faul bist du zum Brüten,
magst keine Kinder hüten!
Erwirbst dir nie ein eigen Haus,
genießt begierig Saus und Braus!"

Ein Täubchen wollte auch an jenem Morgen
behutsam-schlicht für Frieden sorgen.

Gleich hörte man die *beiden* Bösen zischen:
"Ein Fremder hat doch wohl kein Recht,
in nobler Leute Sachen sich zu mischen!
Und falls er dessen dennoch sich erfrecht,
dann geht's ihm unverzüglich schlecht!"

Der Gegner Stimmen wurden schrill.
Bescheiden war die Taube still.

Heute und künftig

Die Erde
ist unser gemeinsames Boot.
Wir brauchen den Frieden -
der Krieg bringt nur Not.

Rassismus und Hass
verursachen Leid.
Gesät sei jetzt Liebe
statt Feindschaft und Streit.

Verwerflich
sind Waffen, Zerstörungswut, Neid.
- Frieden für alle!
Reif ist die Zeit.

Die Erde
bleibt unser gemeinsames Boot.
Bewahren wir Frieden -
der Krieg bringt den Tod.

Munter zu Papier gebracht,
****
was teils erlebt und teils gedacht
****

Neugierig

Was treibt wohl am Tage der Mond?
Versteckt sich der Mann, der dort wohnt?
Stolziert er stets pünktlich zurück -
und bringt, falls wir brav sind, uns
                                      Glück?

Was machen am Tage die Sterne?
Beleuchten sie ferne Gestade?
Und welche - dies wüsste ich gerne,
doch ahne ich's nicht - das ist schade.

Wo bleibt denn bei Nacht unsre Sonne?
Wem spendet sie Wärme und Wonne?
Begibt sie sich heiter gen Süden,
wenn wir ganz allmählich ermüden?

Vergeblich bemüht

Ich kochte meinem Püppchen
ein wunderbares Süppchen.
Jedoch - was ist sodann geschehn?
Die Puppe ließ die Suppe stehn.

Ein zauberhaftes Märchen
erzählt' ich meinem Bärchen.
Jedoch - es hörte mir nicht zu
und brummte: "Lasse mich in Ruh'!"

Ich brachte meinem Igel
den allerschönsten Spiegel.
Jedoch - das träge Plüschtierlein:
Es schaute keine Spur hinein.

Ein hübsches Gartenhäuschen
baut' ich für Mickymäuschen.
Jedoch - es hat gar frech gelacht,
weil's Haus nur aus Papier gemacht.

Weil's Haus nur aus Papier gemacht,
hat Mickymaus gar frech gelacht.
Der träge Stachel-Igel
benutzte nicht den Spiegel.

Mein Teddybärchen wollte Ruh',
es hörte mir kein bisschen zu.
Die Puppe ließ die Suppe stehn -
und was wird morgen wohl geschehn?

Hervorragend

Heut haben wir Fußball gespielt
und mehrere Tore erzielt.
Wir haben beachtlich begonnen,
zwei Stunden geglänzt und gewonnen!
Die schwächere Mannschaft - ach ja:
Bedripst und enttäuscht stand sie da.

Es hat uns ganz riesig gefreut,
dass wir so erfolgreiche Leut'.
Gewiss prahlten wir ziemlich mächtig,
weil unsere Elf fraglos prächtig.
Kein bisschen - na klar - wurd' bedacht,
dass andern desgleichen ihr Glück
                                einmal lacht.

Heut haben wir Fußball gespielt
und mehrere Tore erzielt.
Es hat uns ganz riesig gefreut,
dass wir so erfolgreiche Leut'.
Wir haben gewonnen, gewonnen! -
Und morgen wird's Training von neuem
                                begonnen.

Menge bringt Länge

Kühl

Am zweiten Sommertage
ist's acht Grad warm. Welch Wetterlage!

***

Ein Journalist, der Zeilenhonorar erhält,
protokolliert und kommentiert:

Gestern schwül, heute kühl –
oder Schelte wegen Kälte

Am zweiten Sommertage
ist's acht Grad warm. Welch Wetterlage!
Sie stört mich – keine Frage!!
Das Tief bedeutet Plage!

Doch nichts nützt mein Geklage.
Was hilft's, wenn ich verzage?
Solch Worte sind's, die ich mir sage –
und forsch den Groll verjage.

Wie ich auch Regen stets ertrage?
Indem ich ihm ein Schnippchen schlage,
geschwind ein Lächeln wage,
so tu, als ob er mir behage,
kein bisschen an mir nage.

***

Nach einer Besprechung mit dem gründlichen
Verfasser moniert und notiert
der Chefredakteur:

Zeilen hatte Müller wieder mal geschunden,
gab es zu ganz unumwunden
und - weil ohne Honorar - kurz angebunden.

Köpfchen und Knöpfchen

Es dacht' sich aus
ein kluger Kopf:
Ihr drückt in manchem Treppenhaus
'nen ganz bestimmten Knopf.

Ein Fahrstuhl kommt herbeigeschwebt,
der euch geschwind nach oben hebt,
auf Wunsch desgleichen abwärts führt -
behutsam, wie es sich gebührt.

Gewiss habt ihr dies oft erlebt.

Dürfen Männer übertreiben?

Schwarz auf weiß will ich Dir schreiben:
Werd' in Dich verliebt stets bleiben.
Schwarz auf weiß will ich Dir geben:
Möcht' mit Dir gemeinsam leben.

Ehrlich sage ich ganz offen:
Trieb es früher ziemlich bunt,
hoch ging's manchmal her und rund.
Schließlich hab' ich Dich getroffen -
gleich beendet war das Wandern
von der einen Frau zur andern.

Schwarz auf weiß will ich Dir geben:
Werd' in Dich verliebt stets bleiben.
Schwarz auf weiß will ich Dir schreiben:
Möcht' mit Dir gemeinsam leben.

Einst in meinen Jugendjahren
war ich weit und breit bekannt,
wurde nur "Charmeur" genannt.
Doch bei Dir hab' ich erfahren,
fühl' es jeden Tag aufs Neue:
Liebe wird erst schön durch Treue.

Schwarz auf weiß will ich Dir schreiben:
Möcht' mit Dir gemeinsam leben.
Schwarz auf weiß will ich Dir geben:
Werd' in Dich verliebt stets bleiben.

Ehrlich wiederhol' ich offen:
Trieb es früher ziemlich bunt,
hoch ging's manchmal her und rund.
Schließlich hab' ich Dich getroffen -
fühl' jetzt jeden Tag aufs Neue:
Liebe wird erst schön durch Treue.

Schwarz auf weiß will ich Dir geben:
Möcht' mit Dir gemeinsam leben.
Schwarz auf weiß will ich Dir schreiben:
Werd' in Dich verliebt stets bleiben.

Feriengrüße oder Sonett mit Variation

Liebe Vera, heut - am zehnten Mai -
brachte man mir Deinen Brief herbei.
Deine Verse haben mich beglückt,
Deine Reime höchst entzückt.

Doch mit ungeheurem Schrecken
musste ich gar bald entdecken,
dass die Freude nicht ganz echt.
Kleinlaut wurd' ich und bedrückt.

Fühlt' mich ohne Zweifel schlecht!
Möchtest Du, dass ich die Gründe
ehrlich Dir verkünde?

Ausgelöst hat Dein Talent mein Unbehagen,
wandte mich drum an den Gott der Lieder,
sandte - Dich beneidend - bittre Klagen.

***

Schließlich bat Apoll ich immer wieder:
"Zeige dich in Travemünde!
Steige huldvoll zu mir nieder!"

Hoffte, hoffte bieder,
dass für mich er flott ersönne,
was sogleich ich dichten könne.

Habe dann der See gelauscht,
Lyrik hat sie nicht gerauscht.
Flog im Geist in andre Sphären,
dacht', dass dorten Verse wären.

Irrte mich, muss ich gestehen.
Meine Mühen sind geschildert,
die Enttäuschung wird vergehen,
ist ja schon gemildert.

Viele Fragen – keine Antwort

Ahnen Sie, dass Töne dank Italiens
                              Klima prangen
und die Post mit Großpaketen prompt
nur zu besten Interpreten kommt?
Meinen Sie, dass Schlager immer
                              prima klangen?

Machen Nachbarn, wenn sie flöten, Krach?
Nähm's ein König zweifelsohne krumm,
gingen Juweliere achtlos mit der Krone um?
Liegen oft am Teiche Kröten flach?

Müssen Gärtner sich in Phasen rühren
und den Mäher übern Rasen führen?
Tanzten Goten Reigen?

Wird die Kundschaft täglich treuer,
wenn's Geschäft erträglich teuer?
Träumt ganz Wien von roten Geigen?

                        ***

Mögen alle Männer mal 'nen amourösen
                              Bummel?
Sind der Obst-, Gemüse- und Gerüchtefrau
bunt gemischte Früchte rau?
Was verursacht einen bösen Rummel?

Spielen Deutsche in den Tropen Skat?
Gibt es für Touristen in der Wildnis
                              Betten?
Dürfen Künstler um ein Bildnis wetten?
Was zutage wohl aus neusten Horoskopen
                              trat?

Muss beständig Abenteuer-Belletristik
                              locken,
wenn des Lebens Realistik trocken?
Stimmt's, dass Lehrer gerne mächtig
                              prahlen?

Wollten Sonn' und Luna tauschen -
würd' dann selbst Fortuna lauschen?
Kann man auch im Strandbad prächtig
                              malen?

Schulische Kurzmitteilungen
****

An den Biologielehrer

Auf Sie wirkt halt Reisig entzückend,
desgleichen ein Zeisig berückend.

Man sieht Sie an Kakteen fummeln,
derweil wir uns mit Feen tummeln.

An den Lehrer für Deutsch und Geschichte

Es fiel uns, das Schloss zu besichtigen,
                                          schwer,
doch soll dieser Reim Sie beschwichtigen
                                           sehr.

Referendar an Oberstudienrat

Konnt' Sie je ein Klassik-Dichter
                    trösten,
wenn Kinder unterm Nürnberg-Trichter
                    dösten?

Lehrerin an Schülerin

Unterdrücke deine Glossen
über meine Sommersprossen!

Antwort

Weitres Lob versag' ich mir,
obzwar sie Ihre einz'ge Zier.

An schöne Turnlehrerin

Augen hab' ich nur
für Ihre Sportfigur.

Antwort

Dein Training solltest Du beachten,
statt meinen Körper zu betrachten.

An heitere Sportlehrerin

Sie turnen wirklich prächtig vor,
mit Geschick und viel Humor.

Antwort

Hier wird nicht über mich gelacht!
Bewegung wird sich hier gemacht!

Musikalischer Schluss
****

Wiener Geheimnisse

Gabriel von Eisenstein,
der charmant und elegant,
singt noch obendrein
überaus brillant.

Bei Orlofsky - allerhand -
spielt er "Herr Marquis" galant.
Seiner Frau, die gut maskiert,
ist mit ihm so manches flugs passiert.

Fraglos bleibt sie tolerant -
hatte dem Gemahle ja verschwiegen:
Alfred durft' in ihren Armen liegen.

Haben Sie das Werk erkannt
und Adele sehr vermisst? -
Zaubrer war der Komponist.

Hymne

Wienerisch-munter im Takte:
Der "Fledermaus" sämtliche Akte.

Opus 314

An der blauen Donau Quelle
habe ich gleich auf der Stelle
Walzerkönigs Werk gesummt -
oder auch gebrummt.

Applaus errungen – flott gesungen

(Melodie: "Ich bin die Christel von der Post"
aus dem "Vogelhändler" von Carl Zeller)

Ich bin ein großer Bühnenstar
und recht berühmt seit manchem Jahr,
manchem Jahr.

Darüber freue
ich mich unbändig,
ich mich beständig
täglich aufs Neue.
Mim' immer wieder,
singe auch Lieder –
oder ich tanz',
denn ich liebe den Glanz.

Bin ein großer Bühnenstar!

Ich meine ehrlich,
bin unentbehrlich,
allein auf mich kommt alles an.
Bin elegant stets
und sehr charmant stets,
ich weiß, dass ich gar vieles kann.
Bestens gefällt mir
die Glitzerwelt hier –
mit ihrem bunten Drum und Dran.

Jeder soll's hören,
ich möcht' betören,
gebe Bescheid deshalb dann und wann:
Prächtig Spiel
ist mein Ziel,
ist mein Ziel.

Ich verrate rundheraus:
Bin auf der Bühn' längst schon zu Haus.
Ich verrate rundheraus:
Bin auf der Bühn' längst schon zu Haus.

Ja, auf der Bühn' bin ich zu Haus.
Sag's rundheraus:
Bin auf der Bühn' längst schon zu Haus.

***

Ich geh' zum Film nun riesig schnell,
hab' dort Erfolg wohl auf der Stell',
auf der Stell'.

Komm' nach ganz oben,
äußerst froh lach' ich,
Luftsprünge mach' ich,
ohne zu proben.
Mim' ein Prinzesschen
mit goldnen Tässchen -
oder 'ne Frau,
die sehr alt scheint und grau.

Geh' zum Film nun riesig schnell!

Schufte erheblich,
doch nie vergeblich,
weil ich mein Handwerk trefflich kann.
Ihr sollt es sehen,
viel wird geschehen,
fang' zu agieren ich fix an.
Bin stolz, ihr Leute,
nicht erst seit heute,
habe Talent, denk' ständig dran.

Will euch beglücken,
will euch entzücken,
allen Bescheid geb' ich dann und wann:
Prächtig Spiel
bleibt mein Ziel,
bleibt mein Ziel.

Ich verrate rundheraus:
Bin auch beim Film jetzt bald zu Haus.
Ich verrate rundheraus:
Bin auch beim Film jetzt bald zu Haus.

Ja, bin beim Film jetzt bald zu Haus.
Sag's rundheraus:
Bin auch beim Film jetzt bald zu Haus.

Wiener Klänge

Als mild die Sonne schien,
kam ich vor dreißig Jahren
zum ersten Mal nach Wien.
Verweilen wollte ich zwei Tage,
                              eine Nacht,
hab' dann drei Wochen dort verbracht,
die herrlich heiter waren.

Dem Zauber jener Stadt,
die alles Schöne reichlich hat,
konnt ich mich nicht entziehn.
Hab' oft an Johann Strauß gedacht,
an Liebe, diese "Himmelsmacht" –
und mit Adele sehr gelacht.

Ich summe häufig Wiener Lieder
von Grinzing, Abschied, süßem Flieder,
den ich erfreut betracht' –
vom Prater auch und seinen Bäumen,
desgleichen gern von zarten Träumen,
aus denen man gewiss erwacht.

Wiegenlied

Auch die Bäume
haben Träume,
wenn bei Nacht
Mondenschein
lieblich-sacht
hüllt sie ein.

Hüllt bei Nacht
Mondenschein
lieblich-sacht
Wälder ein,
haben Bäume
ihre Träume.

Manchmal träumen
sie von andern Bäumen
oder Blumen, einem See,
von der Sonne, Tieren, Schnee –
oft zudem und gern
sanft vom Himmel, der so fern.

Sanft vom Himmel, der so fern,
träumen Bäume oft und gern,
wenn bei Nacht
lieblich-sacht
Mondenschein
hüllt sie ein.

Inhalt
******

Schütteleien aus der Schule	5
Sinniert und formuliert	25
Aus dem Zylinder gezaubert	36
Geschütteltes Mosaik	43
Reimereien aus der Schule	55
Ein Senator reiste zum Äquator	76
Aus der Schule berichtet und kritisch gedichtet	88
Literarisches Risiko	98
Nachdenkliches Zwischenspiel	105
Munter zu Papier gebracht, was teils erlebt und teils gedacht	109
Schulische Kurzmitteilungen	120
Musikalischer Schluss	123